BR

Hervé Mestron

Les enquêtes de Sam
Guitare manouche

OSLO

Chapitre 1
Entre ces murs

Ce n'est pas un bruit que j'entends, mais un souffle lointain, une présence qui se déplace là-haut, comme si quelqu'un glissait sur des patins. Les murs me renvoient une résonnance inhabituelle. Je connais ce parquet qui n'a pas été verni depuis longtemps. Je sais, pour y avoir joué à cache-cache avec mes copains d'école, que ces chambres de bonne, reliées à l'étage inférieur par un escalier de service, ont cessé depuis d'être occupées.

Il se passe des choses à mon insu. Ma vie est bouffée par le collège et j'ai perdu le contrôle du château. Même une armée de chats ne pourrait produire ce son si particulier. Cette vie qui lentement se déploie au-dessus de ma tête. Pour autant, je ne quitte pas mon lit. La journée a été harassante. Je l'ai achevée en sortant les bacs verts et jaunes sur le trottoir. Je suis vanné. Mais je crois surtout que j'ai peur. Je ressens une étrange impression en prenant conscience de cette ombre incongrue dans les combles de l'immeuble.

Je finis par m'endormir et tout ça se fond dans mes rêves. Ce n'est qu'après, au vu des événements, que j'associe cette présence venue de la nuit au drame qui va se jouer entre ces murs.

Chapitre 2
Une sorte de yoga

Faut savoir tout gérer quand on est le fils de la gardienne. Les conflits, domestiques et sociaux, jalousies, odeurs, pannes d'électricité, monologues des chiens, caprices de l'ascenseur, qui prétend monter alors que c'est l'inverse qui se produit. Les boîtes à lettres apathiques, désœuvrées. C'est un peu le chômage intégral dans leur pays. Les mails ont fait beaucoup de tort à certaines professions. Quand quelqu'un prend la place de quelqu'un d'autre, ça s'appelle le progrès. C'est pareil avec le temps. Chaque minute en chasse une autre. Les nouvelles chaussettes remplacent les anciennes. Mais y a un truc qu'a pas bougé depuis des lustres. Ce sont les poubelles, pas près de passer via le réseau câblé. Elles sont même de plus en plus grosses, trop bien nourries, toujours plus nombreuses, comme si elles se reproduisaient entre elles. Et la nuit, c'est un véritable enfer de les entendre se crêper le chignon en se jetant des noms d'oiseaux. Les bacs verts sont verbeux. Ils affichent une sorte de supériorité intellectuelle, rapport aux tonnes de journaux et magazines qu'ils ingurgitent. Ils sont au courant de tout, même de la couleur du slip du roi des Belges. En politique aussi ils en connaissent un rayon. Alors du coup ils savent causer, pas comme ces bacs jaunes qui dégoulinent de sauce tomate et qui puent la sardine. Puis il y a les bacs gris. Saouls du matin au soir, toujours en voix pour entonner des chants révolutionnaires, et qui insufflent une ambiance de feu dans cette chambre parlementaire. Je suis obligé de me lever pour leur demander de baisser d'un cran. Souvent je reste un peu dans l'espoir de mettre tout le monde d'accord. Je fais de la médiation. Tout le monde a raison, vous êtes formidables, et maintenant bonne nuit.

Ma mère fait partie de ces gens qui ont décidé que la nuit, c'était fait pour dormir, alors elle continue de ronfler tranquillement, sourde aux mouvements sociaux qui envahissent l'obscurité. Je me rendors au petit matin dans des rêves de poubelles transformées en danseuses qui bougent dans un grand ballet silencieux au-dessus des toits d'immeubles.

C'est en classe que je me retrouve, après mes envolées poétiques de la nuit. Je n'ai pas trop envie de parler du collège vu que ce n'est pas là où je me sens le mieux, mais je vais quand même vous le décrire, pour montrer ce que c'est qu'un vrai travail d'architecte. Immense rectangle bétonné avec grille façon zoo département des fauves. Couloirs ponctués de portes. Chaises et tables dans les salles, tableau, fenêtres, corbeille à papier. Niveau musique, une alarme d'incendie pour annoncer la récré. C'est presque Versailles, avec les jardins en moins.

En fin de journée, j'oublie l'option glandouille sur le trottoir. Pas le temps de refaire le monde avec des excités du bulbe ou d'admirer les épaves de troisième se shooter à la Marlboro de contrebande. Moi je prends illico le chemin du bercail. Parce qu'une journée qui s'achève est toujours remplacée par une autre qui débute. Personne n'y peut rien, c'est comme ça. L'immeuble guette mon retour comme un morveux de CP attend le Père Noël. J'ai carrément un carnet sur lequel je note tout ce que je dois faire. La grosse boulette c'est d'oublier quelqu'un qui vous cherche. Programme du jour : Les bouteilles d'eau de l'appartement 74, l'ampoule électrique du 26, la serrure du 18, les volets bloqués du 5, la séance lecture du 53, et le repas du 66. Ils sont vieux, malades, nuls en bricolage, bavards, et ils ont besoin de moi. Moi, c'est Sam, 24/24, réducteur de problèmes, adoucisseur de vie, créateur d'ambiance ou réchauffeur de plats au micro-ondes. Bref, tout ce que ma mère n'a pas le temps de faire, c'est Bibi qui s'en occupe.

En échange je gagne des sourires, des bises, des gâteaux et du soda. Parfois même, en période de fêtes, je reçois des caisses de confidences, des choses qui encombrent les consciences et que je recueille dans un petit coin de ma tête. Peut-être qu'un jour j'écrirai des livres pour raconter tout ce que j'ai vu et entendu ici, sans parler de tout ce que me raconte ma mère depuis que je suis petit. Elle et moi, on est un peu la mémoire de l'immeuble. Une sorte de musée des secrets. Notre loge, c'est comme une tombe. Tout peut y entrer, mais rien n'en sort. Secret défense.

J'aime Paris. Il ne se passe jamais deux choses identiques au même endroit. C'est à chaque minute que le décor change dans le théâtre. Le ciel enrhumé devient un chanteur d'opéra. Les toits glissants, des miroirs de lumière. Les embout', des rivières d'oxygène. Paris, c'est la ville des libertés. On peut se promener en maillot de bain avec une plume dans les fesses, tout le monde trouve ça normal. C'est à peine si on te regarde. Un jour j'ai vu un homme-grenouille entrer dans une boulangerie et acheter un panini. Et puis il y a la musique. La musique est partout dans Paris. Tu soulèves une plaque d'égout, tu entends de la musique, les gondoles de Vivaldi. Tu regardes sous le képi d'un keuf, pareil, musique aussi, ululements de trompette. À Paris, le temps s'arrête pour écouter la musique du monde.

Aujourd'hui, dans un carré de lumière, comme sur une scène improvisée, une chanteuse des rues. Cette musique qui me harponne le cœur, chemin du retour, amour. Une femme sur le trottoir, les doigts en étincelles sur les cordes d'une guitare. Presque des ciseaux à la place des mains tellement c'est métallique comme une cymbale charleston. Ça me tue ces gens capables d'émouvoir avec un instrument. Ces mutants qui maîtrisent une langue audible aux quatre coins de la planète. C'est presque un duo. La guitariste est accompagnée d'un landau, une sorte de voiture endormie décapotable. Les gens doivent jeter des pièces à l'intérieur. Pour nourrir le bébé. Mais ce n'est pas sûr que ce soit un vrai, de bébé. Ça peut être juste une astuce pour déclencher la pitié des passants. Je pense tout de suite à un faux, style bébé de contrefaçon, en latex. Chez moi, la curiosité c'est pire qu'une maladie vu qu'on ne peut pas la soigner. Ça s'appelle en langage scientifique de l'indiscrétion évolutive. C'est-à-dire que tu ne peux pas t'empêcher de mettre ton nez là où tu n'as pas reçu d'invitation. C'est comme si t'avais un aimant dans la tête. Du coup mon nez s'aventure dans la poussette. Simple vérification. Ce n'est pas tout à fait le parfum d'une poupée Barbie. Ou bien alors elle est allongée sur un camembert. Beurk ! C'est du vrai, de l'humain, qui fait dans sa couche pendant que sa mère tricote du swing pour se réchauffer le cœur. Cette musique de feu me donne des spasmes. Ça grossit dans ma gorge et j'ai envie de pleurer, même si c'est naze de chialer devant une guitare.

C'est la voix de la guitariste dans la guitare. C'est sa façon à elle de chanter. L'instrument est le prolongement de son cœur. Et un peu du mien aussi, j'ai l'impression. Parce qu'il bat plus fort subitement. Ça me fait mal.

Je m'éloigne à regret pour panser ma tristesse, un sentiment si profond que je ne savais même pas que ça existait comme sensation si intense, dans tout mon corps, des pieds à la tête. La musique provoque des frissons comme les noix des boutons chez les allergiques. Mais les noix ne laissent pas de trace dans la mémoire. Tandis que la mélodie tourne encore dans ma tête, pareille à un disque rayé. J'en oublie tout ce que j'ai écrit dans mon carnet. Mes rendez-vous avec les assistés de la cage d'escalier. Du coup, quand j'arrive dans notre immeuble, je n'ai pas acheté les deux packs d'eau pour le 74. Cette chanson m'a rendu totalement inefficace. Une musique de glandeur. Dès que tu l'écoutes, t'as plus envie de rien faire. Ça te met le cerveau en orbite quelque part au-dessus de ta tête, et tu sais même pas à quoi tu penses tellement t'es bien avec cette mélodie qui t'endort les genoux.

C'est tout ça, Paris.

Madame Cristal guette sa flotte au magnésium. Si tout le monde buvait comme elle, y aurait même plus d'eau pour la pluie. Je change l'ampoule du 26. Monsieur d'Anglebert, ancien militaire, incapable de dévisser une douille basse consommation au plafond à cause de sa jambe sans pied. Ensuite j'envoie trois impulsions de visseuse dans la serrure du 18, histoire de rassurer le chat de la famille qui passe ses journées tout seul.

Je promène ma petite trousse à outils que maman m'a offerte. J'ai l'air d'un cow-boy de l'Ouest avec un tournevis dans la main, le genre super dangereux. Je dois le tenir de mon daron, ce don pour le bricolage. Le maniement des outils, c'est comme les taches de rousseur, ça se transmet de père en fils. Je ne l'ai pas trop connu, mon papa. Il est mort et c'est pour ça que ma mère elle est devenue gardienne. Voilà, c'est pour ça aussi que j'essaie de l'aider du mieux que je peux, pour pas qu'elle ait l'impression que la vie c'est juste un mauvais moment à passer.

Sur mes lèvres la chanson, comme un poison, qui me bouscule la raison.

Maman me dit : « Tiens, tu chantes maintenant ? »

Ce n'est pas ma faute, c'est cette mélodie qui s'accroche dans mes tripes, comme une grosse moule qui ne veut pas bouger de son rocher. Sam qui chante, la pluie ne va pas tarder.

— Je n'ai pas dit que tu chantais mal, mon fils.

— Non, mais tu l'as pensé.

— C'est parce que j'adore les parapluies.

— Han, très drôle, maman.

C'est la reine des pizzas, ma mère. Des vraies, pas les trucs cartonnés que t'achètes surgelés. Elle fait tout, la pâte, les olives, la tomate, elle râpe même le fromage. Mais elle ne connaît que ça et rien d'autre. Même les raviolis en caoutchouc elle ne maîtrise pas. Elle, son truc, c'est la *Margherita*, ça doit être une sorte de yoga.

Chapitre 3
De plus en plus

Je viens de réchauffer la daube de la veuve du 66 lorsque j'entends, amplifié par l'acoustique de la cage d'escalier, cet air de swing mélancolique écouté dans la rue. L'impression étrange d'avoir été suivi par cette musique. Elle se cache à travers les murs de l'immeuble, suinte des pierres comme un gaz hallucinogène. C'est comme si le soleil était entré là où d'habitude il ne vient jamais. Je ne suis pas le seul à vibrer sous la pulsation chaloupée. Les locataires sortent sur leur palier, l'oreille allongée comme un trombone pour savoir d'où vient ce fluide musical. Les yeux en direction du plafond cathédrale de l'édifice. C'est de là que jaillissent les notes cuivrées de la guitare chantante.

De là-haut oui, mais d'où exactement, si ce

n'est de ce ciel invisible ? Le numéro de l'appartement n'est pas précisé dans la mélodie. Je connais l'immeuble comme si je l'avais imaginé, dessiné et construit. Il n'y a que sous les toits que les murs sont moins épais et sous la charpente que le confort est minimal. C'est cette musique de la rue qui rejaillit ici. La guitariste au bébé ? Ou est-ce cette sorte de fantôme musical qui me colle aux basques pour des raisons obscures ? Je suis sûr de n'avoir pas rêvé puisque d'autres que moi ont entendu cette suite d'accords mineurs.

Le problème, c'est que quand je suis au collège, je ne peux pas vérifier toutes les entrées et sorties de l'immeuble. Il peut se passer des choses sans que j'en sois forcément informé. C'est déjà arrivé. Il m'a fallu trois semaines par exemple pour coincer l'informaticien qui s'est installé au 42, quatrième étage droite. C'était un dimanche matin. Le gars rentrait de boîte de nuit et avait l'air aussi frais qu'un poivron fossilisé.

C'est vrai qu'une même musique peut être jouée par deux musiciens différents. Personne n'a le monopole de la beauté sonore. Mais mon oreille me trompe rarement. Cette façon inimitable de faire chanter une guitare, je la reconnais.

Ce soir c'est pizza à la viande. J'aimerais bien parler avec maman de cette histoire de musique qui me poursuit, mais je ne sais pas trop comment m'y prendre. Je me sens un peu idiot dans cette cuisine surchauffée par la magie du four. L'eau de la verveine est en train de bouillir. On la sucre avec du miel en parlant des vacances qu'on aimerait bien se payer une fois de temps en temps. On surfe sur les sites de voyage, on simule des réservations pour voir combien ça coûterait. En attendant, on va continuer de jouer au Loto, puis rêver. On adore ça, rêver.

Quelqu'un frappe à la porte de la loge. Logiquement, c'est fermé après 20 heures, mais maman va ouvrir. Probablement un souci de locataire, une inondation, quelqu'un qui a perdu ses clés ou qui vient récupérer un colis. Il s'agit du couple Keller, fraîchement arrivé dans l'immeuble. Toujours souriant. On dirait une paire de mannequins de mode. Ils travaillent paraît-il dans la finance. Ils ont loué le plus grand appartement, avec accès à une chambre de bonne. Odile et Adrien Keller, main dans la main, avec une petite boîte de chocolats pour nous. Ils acceptent une tasse de verveine, ils n'ont pas le choix, maman insiste.

— Ne vous inquiétez pas si vous rencontrez une jeune femme avec un bébé, explique Adrien Keller. Nous la logeons dans la chambre de service. En contrepartie, elle s'occupe de notre ménage.

— Il s'agit de la fille d'une cousine roumaine, continue Odile. Une jeune femme adorable qui élève seule son bébé. Elle s'appelle Mina.

Je demande :

— Elle ne jouerait pas de la guitare par hasard ?

— Absolument, répond Adrien. C'est aussi une artiste. Une spécialiste de la Guitare manouche.

Sont-ils au courant qu'elle fait la manche dans la rue avec son bébé ? Je n'ose pas leur poser la question. Quelque chose me dit qu'il faut y aller avec des pincettes.

— J'adore la Guitare manouche et la musique en général, dit maman. Django Reinhardt, le roi du swing ! J'espère qu'elle viendra nous jouer un morceau.

— Je suis sûr qu'elle en sera ravie, dit Adrien en se levant.

— Merci pour les chocolats, répète ma mère, en les raccompagnant à la porte.

Il est tard et je fais la vaisselle. Je lave, maman essuie. Tout est huilé comme une partition.

— C'est sympa d'avoir une musicienne dans

l'immeuble, commente-t-elle. Ça va mettre un peu de gaîté.

Moi ce que j'en pense de la musique de Mina, c'est qu'elle rend nostalgique. J'ai encore le souvenir de ses doigts martelant les cordes de la guitare, sa main gauche bougeant dans les hauteurs du manche, là où les frettes se resserrent de plus en plus.

Chapitre 4
Je me sens bien ici, dans votre immeuble

Quand ce sont les profs qui ne veulent plus aller en cours, le collège a quelque chose de sympa. Un petit côté club de vacances à condition de faire un effort d'imagination. Du coup on n'est pas censés entrer en classe vu que les cours sont suspendus, « en raison d'une grève du personnel enseignant ». J'en remarque qui se demandent comment ils vont occuper leur journée. J'en connais qui se posent de drôles de questions. Mélanie qui tourne en rond. Je disparais avant d'être happé par son regard. Une envie de flâner, pour me punir de ne pas aller en cours. Libre dans Paris. Mes jambes flageolent, j'ai peur qu'elle n'y soit pas.

Exactement à la même place, comme si elle n'avait pas bougé depuis la dernière fois.

Toujours ce bras droit qui s'agite comme une bielle, tandis que les doigts cinglent les cordes. Mina chante en s'accompagnant, d'une voix claire, bourrée d'énergie. Elle m'a remarqué et m'adresse un clin d'œil. Moi, bêtement, je me mets à rougir comme une plaque de cuisson. J'aimerais parler des yeux de Mina, de ce noir intense, de leur expression sauvage, de toute cette beauté qui me cloue sur place. Et quand elle chante, elle porte ce voile mélancolique sur les paupières, cette infime tristesse qui colle si bien aux accents émouvants de la mélodie. Je dépose une pièce sur le sol et Mina me regarde sévèrement, en faisant « non » de la tête. Je récupère illico mon jeton de cinquante centimes. Je ne comprends pas trop l'histoire. Elle fait la manche ou non ? Ou a-t-elle décidé que c'était gratuit pour moi et que je pouvais l'écouter autant que je voulais ?

J'ai pris place sur la selle d'un scooter garé sur le trottoir. J'adore les jours de grève. C'est comme une pochette surprise dans la semaine. Mais bientôt, trois types se plantent devant Mina. Quand elle les aperçoit, elle s'arrête aussitôt de jouer. Elle range prestement sa guitare et se poste devant le landau du bébé, comme pour le protéger. La discussion semble serrée, limite agressive, dans une langue que je ne connais pas. Mais il me suffit de voir l'expression de Mina pour comprendre qu'il y a de l'eau dans le gaz. Ses yeux se sont emplis de larmes. Les trois hommes lui font signe de venir mais elle refuse de les suivre. Elle s'accroche à la poussette avec les deux mains, comme si elle avait peur qu'elle puisse s'envoler. Le trio finit par partir. Mina lève la tête, me regarde, les yeux brillants, et je suis surpris par sa détresse.

— Qu'est-ce qui se passe ? demandé-je. Tu as des ennuis ?

— Non, non... ça va, répond-elle.

— Alors pourquoi tu pleures, Mina ?

— Tu connais mon nom ?

— Oui, je suis le fils de la gardienne de l'immeuble. Les Keller nous ont parlé de toi. Tu vis dans une chambre de bonne, là-haut. Et il paraît que tu es la reine de la guitare swing.

— Oui, la reine de la guitare swing, répète-t-elle d'une voix sourde, comme si elle n'y croyait pas vraiment.

— Et ces hommes, c'étaient qui ? Qu'est-ce qu'ils te voulaient ?

En guise de réponse, elle s'éloigne avec le landau, sa guitare en bandoulière. J'ai envie de la jouer superglu, de la suivre et de ne pas la lâcher tant qu'elle ne m'aura pas répondu. Elle prend la direction de notre immeuble. Je lui propose un Tic-Tac menthe qu'elle accepte avec un sourire en coin.

— Tu n'as pas d'école aujourd'hui ?

— Non, c'est grève.

Maman est en train de remonter les bretelles au facteur parce qu'on dirait qu'il fait exprès de pas mettre les bonnes lettres dans les bonnes boîtes. Ensuite les locataires se plaignent alors que ma mère n'y est pour rien. En apercevant Mina, son visage retrouve le sourire.

— Alors, c'est vous Mina ? La guitariste au bébé ! Venez boire une verveine... si, ça me fait plaisir.

Ma mère ouvre un paquet de biscuits. Elle propose de donner le biberon au bébé pendant que Mina nous joue de la guitare. Elle insiste lourdement et Mina finit par céder. Je sens bien qu'elle n'a pas envie de chanter, qu'elle est triste, mais devant maman, elle essaie de faire bonne figure. Après avoir joué, Mina nous apprend qu'elle passe des auditions le soir dans des clubs de jazz, et que c'est difficile pour une femme de se faire une place dans ce monde dirigé par les hommes.

— Il y a une tradition qui veut que ce soient les hommes qui jouent de la guitare, et pas les femmes, explique-t-elle. Mais je ne suis pas d'accord. Moi j'ai envie de jouer. Je veux en faire mon métier.

— Vous avez raison. Faut pas se laisser faire. Avec les hommes, faut sans cesse remettre les pendules à l'heure, sinon ils se croient tout permis.

— Je ne demande pas la lune. Je veux juste faire de la musique.

— Vous parlez rudement bien le français pour une Roumaine, remarque maman.

— Je suis arrivée toute petite en France. Je n'ai même jamais mis les pieds en Roumanie.

— Vous n'êtes pas la fille de la cousine d'Odile Keller ?

— Non, pas du tout.

— Ah... j'ai dû mal comprendre, dit maman.

— La famille Keller m'a recueillie alors que j'étais à la rue avec mon bébé. Ils sont très gentils avec moi. Ils m'ont proposé un toit et du travail. Je leur en suis très reconnaissante. De plus, ce sont eux qui m'encouragent à passer des auditions dans les clubs. Ils ont vraiment envie que j'arrive à réaliser mon rêve. Le soir, ce sont eux qui gardent Pepito, quand je dois sortir. C'est vrai que j'ai l'impression de faire partie de leur famille.

— Pourquoi tu fais la manche dans la rue ? je demande.

— Je ne fais pas exactement la manche. Disons que je préfère m'exercer en public plutôt que dans ma chambre. C'est aussi le moyen de me faire connaître. Puis comme ça Pepito prend l'air.

— Et ces trois hommes, que te voulaient-ils ?

— C'est un interrogatoire ?

— Faut excuser Sam, dit maman. C'est un curieux de chez curieux. Ce n'est pas une maladie qui se soigne.

— Moi je le trouve très mignon...

Ça y est, le rouge me monte aux joues comme du mercure. Maman et Mina s'échangent un clin d'œil.

— Ces trois hommes, reprend Mina. Ce sont mes frères. C'est avec eux que j'ai appris la musique. Mais, comme on dit, ils sont un peu machos. Pour eux, une femme ne peut pas faire carrière dans la Guitare manouche, en tout cas, pas comme un homme. Une femme doit rester à la maison et s'occuper de son enfant. Mais je pense que la femme a le droit de faire ce qu'elle veut.

— Entièrement d'accord avec toi, ma fille ! dit maman.

— Alors un jour je suis partie parce que je n'avais pas envie de leur obéir. Voilà, j'ai cherché du travail comme guitariste, mais ça n'a pas marché. Car les machos sont partout dans ce monde de la Guitare manouche et même du jazz en général. J'ai dormi dehors, dans des squares, des cimetières. J'ai volé aussi pour pouvoir nourrir Pepito, puis j'ai rencontré la famille Keller grâce à une association. Et depuis, tout va beaucoup mieux. Je me sens bien ici, dans votre immeuble.

Chapitre 5
Bref, un miracle

Mina sort pratiquement tous les soirs pour aller écouter d'autres musiciens et essayer de jouer avec eux, faire un bœuf, comme elle dit, afin d'être engagée. Pendant ce temps, les Keller s'occupent de Pepito comme s'il s'agissait de leur propre enfant. On sait tout ça par Mina qui nous raconte tout. Elle est tellement heureuse d'être tombée dans une famille aussi généreuse. Ça y est, elle vient peut-être de décrocher un engagement. Le directeur d'un club de jazz, un certain Kromesky, lui a clairement dit qu'il la considérait comme une grande artiste. Il est prêt à lui laisser sa chance. Ça se passe au Gypsy Bar. C'est là que Mina a rendez-vous pour son premier concert, devant une salle qu'elle devra séduire si elle veut être embauchée. Elle est morte de trac, comme si elle jouait sa vie sur un coup de poker.

— Elle est formidable, cette petite, dit maman. Quelle énergie ! En plus elle est jolie, non, tu ne trouves pas, Sam ?

— Je vais sortir les poubelles.

— Et si on allait au cinéma ce soir ? propose-t-elle. Ils repassent le film de Woody Allen, *Accords et désaccords*.

— De quoi ça parle ?

— De Guitare manouche, justement. Ça se passe à New York, à la fin des années 30. Emmet Ray est un guitariste de jazz extrêmement doué, insouciant, coureur de jupons, doublé d'un flambeur invétéré. Mais la musique ne paie pas et Emmet aime les femmes, les belles voitures et les costumes de luxe... La solution ? Conquérir Hollywood pour y trouver la gloire et surtout pour sortir de l'ombre de son idole : le grand Django Reinhardt...

— Django ? Ça me dit quelque chose.

— Ben oui, c'est le plus grand guitariste manouche de tous les temps.

Nous guettons son retour. Elle a promis de passer nous voir pour nous raconter sa soirée. Maman et moi on s'endort sur le canapé quand elle frappe à la porte. On se réveille en sursaut.

C'est Mina, radieuse. Elle a magnifiquement joué, le directeur du club lui a demandé de revenir demain pour lui faire signer un contrat. En guise de champagne, maman fait chauffer de l'eau pour une verveine.

— Au début, quand je suis montée sur scène, explique Mina, toute excitée, il y a eu des sifflets dans ma direction. Tous ces hommes étaient morts de rire en voyant arriver une femme avec sa guitare. Et puis quand j'ai commencé à jouer, le silence s'est fait. C'est à ce moment que j'ai compris que c'était gagné. C'était moi qu'on écoutait ! M. Kromesky m'a même parlé d'un projet de disque, car il est producteur également, et tourneur.

— Tourneur ? demande maman.

— Il organise des tournées de concerts en collaboration avec d'autres festivals. Il fait « tourner » les artistes.

— C'est fantastique, s'exclame maman. Je suis tellement contente pour toi, ma chère Mina !

— Je vais tout de suite annoncer la nouvelle à la famille Keller !

— Ne réveille pas le bébé.

— Aucune importance ! Il va être fier de sa mère !

Elle exulte, rayonnante comme une star à

paillettes. On assiste à un énorme happy-end et il y a quelque chose qui se serre dans ma gorge. Il y a une fille de ma classe, Mélanie, qui m'a dit que j'étais trop sensible, parce qu'un jour j'ai pleuré en lisant à haute voix pour la classe le passage triste d'un bouquin soi-disant hilarant. J'étais entré peu à peu dans la peau du personnage, sans m'en rendre compte. Et quand celui-ci, au dernier chapitre, au retour d'un long voyage, trouve sa mère dans les bras du voisin, un sanglot est sorti de ma gorge. Un cri d'oiseau dans la classe et tout le monde s'est marré. Ça voulait dire surtout que personne n'écoutait et qu'ils étaient à mille lieues de l'histoire que j'étais en train de leur lire. Le prof m'a ébouriffé les cheveux, en évitant de me regarder, et je n'ai pas trop compris pourquoi. Je pleure aussi bien pour du triste que pour du drôle. Je n'ai pas le temps de chômer, rapport à la vie qui nous propose une alternance de moments joyeux et de minutes pénibles. On a consulté mais le médecin nous a dit que ce n'était pas grave, que j'étais juste un peu dépressif sur les bords, comme tout le monde.

— Mais enfin, docteur, a dit ma mère. C'est des litres d'eau qu'il pleure tous les jours. À ce train-là, il va se déshydrater ! Qu'est-ce que vous comptez faire ? Le laisser mourir ?

L'homme de l'art a hoché la tête. Ça paraissait complètement le dépasser, cette affaire, et ma mère lui collait la pression avec ses questions perfides. Au final, il m'a conseillé de boire beaucoup d'eau, le matin, à midi, et le soir. Un traitement de choc qui s'est avéré totalement inefficace.

Je viens de me glisser sous les draps avec mon bouquin favori lorsque quelqu'un tambourine à la porte de la loge. C'est Mina, totalement paniquée.

— J'ai sonné à la porte des Keller, ça ne répond pas ! J'ai l'impression qu'il n'y a personne.

— Ils sont peut-être sortis, dit maman.

— Sortis ? Mais où ? Ce soir ils gardaient Pepito.

— Ou bien ils ont le sommeil très lourd. Tu as essayé de les appeler ?

— Oui, je tombe chaque fois sur leur messagerie.

— Tu as essayé par l'escalier de service ?

— Bien entendu, c'est fermé aussi.

— Et ils ne t'ont pas laissé un mot ?

— Non, rien.

— Bizarre, je fais.

— J'ai un mauvais pressentiment, dit Mina.

— Tu sais, reprend maman, ils sont peut-être allés chez des amis et ils auront dormi sur place.

Parfois ça vaut mieux que de prendre le volant.

Moi je suis comme Mina. Je trouve ça étrange. Dans le dos de ma mère, je subtilise la clé de l'appartement des Keller. Normalement, on n'a pas le droit. C'est totalement interdit d'entrer chez les gens. Mais il faut être capable de s'asseoir sur le règlement. Ça peut sauver des vies. Une fois, on a retrouvé un locataire mort dans son lit. Il répondait ni au téléphone ni à rien. Une autre fois c'est Mme Cristal qui, suite à une chute de son escabeau, ne pouvait plus se relever. On aurait dit une tortue assise sur sa carapace qui remue les pattes dans le vide. Sans ce double des clés que nous possédions, elle aurait pu se fossiliser sur place.

Quelques instants plus tard, je rejoins Mina au dernier étage. En me voyant avec ce trousseau de clés dans la main elle comprend tout de suite pourquoi je suis là, en pleine nuit.

— On n'a pas le droit de faire ça, dit-elle.

— Je sais. Allons-y quand même.

Nous descendons à l'étage inférieur, là où précisément se trouve l'appartement des Keller. J'introduis la clé dans la serrure. Mina a posé sa main sur mon épaule, j'aime bien. La porte s'ouvre sans bruit. Nous entrons dans le hall plongé dans l'obscurité. Mina allume le plafonnier, et là, elle se fige en découvrant l'appartement complètement vide.

— Mais qu'est-ce que ça veut dire ? demande-t-elle.

Tout a disparu dans le salon. Il ne reste rien. Pas une chaise, pas un tableau au mur. Tout a été emporté. Mina s'élance dans le couloir, visite une à une les pièces qui ont toutes été vidées de leur mobilier. Nos pas résonnent comme dans une cathédrale.

— C'est là que dormait Pepito, soupire Mina, les larmes aux yeux, en désignant une petite chambre vide. Mais que s'est-il passé ?

— Ils sont partis, dis-je.

— Oui, et ils ont emmené mon fils ! Mon bébé !

On a l'impression que cet appartement n'a jamais été habité. Il y flotte une vague odeur de renfermé. Mina éclate en sanglots, se met à frapper les murs en hurlant. Je ne sais pas quoi faire pour la consoler. Ce qui me faudrait à cet instant, c'est une baguette magique. Un claquement de doigts pour ressusciter le passé. Bref, un miracle.

Chapitre 6
Mina

Ça s'est terminé dans la loge. Tout le monde effondré. Maman a oublié de me remonter les bretelles rapport aux clefs utilisées sans son aval. Elle est montée pour visiter l'appartement vide des Keller. On questionne les locataires. Oui, ils ont entendu du bruit pendant la soirée. Oui, l'ascenseur a été bloqué pendant un long moment. Certains ont même croisé des déménageurs dans la soirée. Les Keller ont déserté les lieux pendant que nous étions au cinéma. C'est pour ça que maman et moi on n'a rien vu, rien entendu.

— Ils ont volé mon bébé ! répète Mina.

Ma mère lui donne un calmant, parce qu'on la sent sur le point de sombrer dans une immense crise de nerfs.

***

Une inspectrice est venue. Elle a posé plein de questions à Mina et elle a demandé des photos du bébé. Elle a dit aussi qu'ils allaient faire leur possible pour retrouver l'enfant tout en précisant qu'il ne fallait pas non plus s'attendre à un miracle. Des voleurs de bébé, ça existe, ils sont même de plus en plus nombreux.

Mina s'est installée chez nous. Je lui ai laissé ma chambre. Elle ressemble à un zombie. Elle ne fait plus rien. Voilà quinze jours qu'elle n'a pas touché sa guitare. Elle consulte sans arrêt ses messages pour voir si l'inspectrice a appelé. Mais rien. Aucune nouvelle.

Tout ce que nous savons, c'est que Keller, ce n'était pas leur vrai nom, qu'ils ont loué cet appartement sous une fausse identité. Dans le seul but de profiter de la détresse d'une jeune femme pour lui voler son enfant. Ils avaient l'air très sympa. Trop ? Ils ont embrouillé tout le monde avec leurs allures de couple modèle.

Dans la rue, chaque fois que je croise un landau, je ne peux pas m'empêcher de regarder à l'intérieur. En même temps, je n'ai aucun souvenir du visage de Pepito. Juste de l'odeur de sa couche-culotte. C'est dur de faire la différence entre deux bébés. Je délaisse mes locataires pour errer dans les rues à la recherche de ce couple maudit. En même temps, quand on vole un bébé, on change forcément de quartier, cela paraît évident. Les Keller ont probablement quitté la ville, ou le pays. Je me dis que si la police est impuissante devant l'ampleur du problème, comment je vais faire, moi, minus Sam, pour aider Mina de façon efficace ?

Je n'ai pourtant pas envie de rester les bras croisés en attendant la prochaine éclipse. Mina a déjà perdu dix kilos. Déjà qu'elle n'était pas très grosse, elle peut maintenant rivaliser avec une corde de guitare. Elle a, en sus, un teint de momie égyptienne.

Comme dit maman, on ne peut pas lui reprocher d'être désespérée. « Si tu disparaissais mon Sam, je serais moi aussi la femme la plus triste de la terre. »

***

Mina est partie un jour sans rien dire à personne. On l'a attendue plusieurs jours. Mais elle n'est jamais revenue. Elle a laissé sa guitare dans ma chambre, sous mon lit exactement. Je l'ai découverte un soir en passant l'aspirateur. J'ai ouvert l'étui cabossé. Il y avait une enveloppe glissée entre le manche et les cordes. Et dessus il y avait marqué : « Pour Sam. »

Mon Sam, si tu lis cette lettre, c'est que tu as ouvert l'étui de ma guitare, petit curieux, et tu as bien fait. Je te demande de prendre soin de mon instrument. Je n'ai plus le cœur d'en jouer pour l'instant, mais je te le confie. Pardon d'être partie comme ça, mais je voulais éviter les émotions. J'ai eu ma dose. La police n'a toujours pas avancé dans son enquête. J'ai du mal à accepter que je ne reverrai plus mon enfant. Je n'arrive pas à y croire. J'ai l'impression d'être dans un cauchemar et je voudrais me réveiller. Je suis partie pour trouver du travail et pour me retrouver seule, loin des gens que j'aime, car je n'ai plus la force d'aimer. Mais tu restes dans mon cœur, mon petit Sam. Tu as été comme un petit frère pour moi. Peut-être un jour nos routes se croiseront-elles une nouvelle fois. Embrasse ta mère qui est une femme merveilleuse. Mina.

Chapitre 7
Méfiance dans mon regard

C'est une chose que je ne peux pas accepter. Mina à la rue, Mina SDF, Mina que j'ai envie de serrer très fort dans mes bras. Les oiseaux chantent, Mme Cristal boit ses dix litres de flotte par jour, et Mina se cache pour souffrir. « C'est terrible de perdre son enfant, ne cesse de répéter ma mère. C'est une chose dont on ne peut jamais se remettre. »

Je demande si je peux aller dormir chez mon pote Bruno. Maman est plutôt soulagée de voir que je reprends goût à la vie. En réalité, je ne vais pas chez mon ami. C'est au Gypsy Bar que je me rends. Je suis obligé de bluffer lorsque le cerbère me refuse l'entrée, sous prétexte que je porte des baskets de môme.

— Je suis le neveu de M. Kromesky, expliqué-je sans me démonter.

— Bon, fallait le dire. Vas-y.

À l'intérieur, c'est comme un grand bar avec une scène où des musiciens effectuent des réglages de sono. C'est encore tôt pour les noctambules. Je demande si Mina est là à un grand chauve avec des chaussures bleues que j'identifie aussitôt comme étant M. Kromesky. Il a l'air très fâché contre elle.

— Mais non, elle n'est pas là ! Elle devait revenir pour le contrat et puis elle a disparu ! C'est pas professionnel ! Après faudra pas qu'elle vienne pleurer si personne lui fait confiance ! Dans le métier, on tient sa parole !

— Faut pas vous énerver après elle, m'sieur. Ce n'est pas sa faute.

— T'es qui, mon petit gars, pour me donner des leçons ?

— Je ne suis personne. Enfin si, je m'appelle Sam.

Je lui raconte ce qui est arrivé à Mina et il change illico de couleur.

— Et les flics ? Elle a prévenu les flics au moins ?

— Bien sûr. Mais ça n'a rien donné pour l'instant.

— Et tu dis qu'elle a disparu ?

— Oui, je ne sais pas où elle est. Je la cherche.

— Je vais me renseigner de mon côté. Peut-être qu'elle joue dans d'autres clubs de la ville.

— Ça m'étonnerait.

— Pourquoi tu dis ça ?

— Parce qu'elle a laissé sa guitare chez moi.

— Ouh là, je vois...

Je suis sorti. Je n'ai pas aimé les rues désertes. Je n'ai pas aimé la nuit.

Soudain une idée dans mon lit. Je pense aux frères de Mina, les musiciens. Elle m'a parlé d'un campement. Les paroles de sa chanson s'infiltrent en moi.

Chaque nuit de nouvelles étoiles,
Frères de sang, frères de swing
Comme un orage sans pluie,
Sous le pont du périphérique.

Ses frères qui n'aiment pas que les femmes aient les mêmes droits que les hommes, où sont-ils ? Savent-ils ce qui est arrivé à leur sœur ? S'ils lui avaient permis de vivre librement, elle ne serait jamais partie. Elle n'aurait pas connu les nuits dans la rue, dans les cimetières. Elle n'aurait pas eu besoin de faire confiance à des gens comme les Keller.

Quartier hostile où je n'ai jamais mis les pieds. En bordure de la ville, ces entrelacs de routes suspendues dans les airs. Des ponts qui se succèdent comme les pas d'un géant. Des caravanes disposées en cercle autour d'un feu. Des visages cuivrés, une musique venue des tréfonds de la terre. Des grillages devant moi qui m'empêchent d'aller de l'avant. Des yeux surgissant de nulle part me glacent d'effroi. Une silhouette jaillissant d'un arbre. Une langue étrangère qui écartèle mes oreilles. Un immense landau dans lequel on m'enferme, pareil à un cercueil, qu'on referme sur moi...

Je me réveille dans un cri d'horreur, à la limite de l'étouffement. Cette guitare sous le lit, comme une machine à convoquer les cauchemars...

***

Le pire ce sont les jours qui se suivent et qui n'apportent aucune nouvelle de Mina, encore moins du bébé. Maman a appelé l'inspectrice de police pour lui signaler la disparition de Mina. On ne sait même pas son vrai nom, à Mina. On ne sait rien sur elle. C'est comme quelqu'un qu'on aurait rencontré dans nos rêves. Il y a juste cette guitare, toute cette musique aujourd'hui silencieuse, qui ressuscite le réel, tout comme cet appartement vide, là-haut, relié à une chambre de bonne autrefois occupée. Je ne suis plus le petit Sam qui rend service à tout le monde. Quelque chose s'est cassé en moi. J'ai plus envie de croire que les gens sympas sont forcément des gens sympas. Chez chaque individu que je croise se cache un monstre potentiel. Un mensonge avec un nez de clown. Il y a mille histoires comme celle de Mina sans doute autour de nous et que nous ignorons. Et je n'aime pas soudain toute cette méfiance dans mon regard.

Chapitre 8

Ça déraille complètement dans ma tête

La vie a repris son cours dans l'immeuble. Et je dois m'y faire, redevenir le Sam toujours présent, content d'aider son prochain. Deux personnes en moi maintenant. Celle qui sourit pour cacher celle qui ne sourit pas. Je rappelle régulièrement M. Kromesky, mais lui non plus n'a aucune nouvelle de Mina. L'inspectrice de police a été mutée et il a fallu du temps pour parler à la personne qui a repris le dossier. Mais rien, toujours pas la moindre piste, ni de Mina, ni du bébé.

Ça s'agite un peu au collège parce qu'on va partir en classe verte. J'ai envie d'annuler mais maman me dit que ça va me changer les idées, tu parles. Je ne regarde plus Mélanie depuis que je pense à Mina. Mina a complètement chassé

Mélanie de ma tête. C'est pas mal, du coup Mélanie s'intéresse un peu plus à moi. C'est elle qui fait les efforts, c'est plus moi. C'est agréable, même si je n'ai plus du tout envie de sortir avec elle. J'ai juste envie de lui parler de Mina. Mais je sais qu'elle ne va pas aimer. Je la connais. Ce n'est pas son genre de partager avec les autres.

Il y a le nouveau dans l'immeuble, l'informaticien, qui a toujours un truc à demander à maman. L'autre fois, c'était : « Est-ce que vous savez que vous avez des yeux magnifiques ? » Ma mère elle n'a pas su quoi répondre. Elle avait l'air gênée devant moi. Elle m'a prié d'aller relever les compteurs de l'immeuble et je suis parti avec un carnet et un crayon, en laissant ce dingue de Windows se noyer dans ses questions débiles. En plus ma mère elle a horreur de ça, des ordis. Au niveau téléphonie, elle utilise toujours son Nokia génération préhistoire, noir et blanc, qui fait ni appareil photo ni ouvre-boîte. Je vais devoir surveiller ses fréquentations. D'abord le type il dit qu'il est informaticien, mais on n'a aucune preuve. Ce n'est pas marqué sur son col de chemise. Tout ce que je sais de lui, c'est qu'il est capable de rentrer le dimanche matin aux aurores en se traînant à quatre pattes dans l'ascenseur. Dans le genre prince charmant, tu repasseras. Si ça se trouve, il n'est pas informaticien. Il est pharmacien, physicien, alsacien, mais pas informaticien. C'est un truc pour draguer ma mère, c'est lourd, très lourd. Je vais lui demander de changer le disque dur de mon Mac et on verra bien s'il ne confond pas une clé USB avec un suppositoire. Ça y est, la maladie m'a complètement transfiguré, je vois le mal partout, chez moi, au collège, dans la rue, et bientôt ce sera sous la douche.

Il est toujours là avec son sourire Microsoft quand je reviens. Richard, qu'il se fait appeler. C'est bien un nom d'informaticien, Richard. Il carbure à la verveine, ça lui fait un point commun avec ma mère, soi-disant, mais moi je sais qu'il ment. Richard, il ne boit pas que de la verveine, ce n'est pas vrai, surtout le samedi soir, faut qu'il arrête avec sa mythomanie qui endort ma mère. Bientôt il va lui dire que son rêve le plus fou ça serait d'épouser une gardienne d'immeuble. Tout ça pour quoi ? Pour lui piquer son fric, pour nous spolier. Pour nous voler ce que nous n'avons pas, vu qu'on n'a rien. Exactement comme les Keller, tout pour la façade : docteur Jekyll et Mr Hyde.

Bon, je vais me coucher. Ça déraille complètement dans ma tête.

Chapitre 9
J'ai jamais essayé

Il est revenu le lendemain, Richard. Je suis rentré du collège, il était déjà là, et ma mère m'a envoyé au Monop acheter des fournitures pour la classe verte. Maillot de bain et dentifrice, bottes en caoutchouc et mouchoirs en papier. J'ai traîné dans les rues parce que je n'avais pas envie de voir ma mère en train d'être heureuse. Je ne comprenais pas que le monde puisse continuer à tourner pour certains et pas pour d'autres. Je suis entré dans une salle de jeux électroniques et j'ai dépensé mon argent de poche de la semaine en trucs débiles que j'adorais. En sortant je ne me sentais pas très fier de moi. Voilà où j'en suis.

J'espère que Richard ne va pas rester pour dîner. Comme par hasard ma mère a arrêté de faire exclusivement des pizzas. On dirait qu'elle a découvert l'existence des livres de cuisine. Ça la passionne subitement.

Je vais pour prendre le chemin du retour, soudain décidé à faire la paix avec tout le monde, à commencer par moi-même, lorsque je la vois de l'autre côté de la rue. Avec son éternel blouson rouge et une baguette chinoise dans ses cheveux attachés. J'ai tout qui se fige en moi, mon sang, ma salive, mes mouvements. C'est comme un arrêt sur image. Mina avec un landau sur le trottoir. Mina avec son bébé. Mina Mina. Deux sentiments contraires m'écartèlent. Je suis heureux de la voir en vie avec son enfant. En même temps, je suis terriblement déçu qu'elle n'ait pas songé un instant à passer chez nous pour nous annoncer que tout était arrangé. Je trouve ça nul de sa part. Mais je ne peux pas faire autrement que de traverser la rue pour voler à sa rencontre, bras tendus, avec les pieds au-dessus du sol.

— Mina ?

Elle se retourne. Son sourire.

— Sam ?

— Ça a l'air d'aller ?

Elle hausse les épaules.

— Bof...

Je désigne le landau.

— C'est bien, t'as récupéré Pepito.

L'expression de son visage s'assombrit.

— Non, ce n'est pas... Pepito. C'est un bébé que je garde. Paul il s'appelle.

— Ah ?

Je me sens un peu idiot tout d'un coup. Mina m'explique qu'elle travaille chez la famille Delalande, logée nourrie, dans un bel immeuble à quelques pas d'ici. Elle prend soin de Paul comme s'il s'agissait de son propre enfant. Les parents sont très occupés et elle passe beaucoup de temps avec le nourrisson. Mina parle mais Mina est ailleurs. Elle sourit mais au fond d'elle-même, elle pleure. Elle a encore beaucoup maigri. Bientôt elle va porter du douze ans et je pourrai lui passer mes tee-shirts. Elle prétend que la police ne se donne pas la peine de vraiment rechercher Pepito. Elle dit aussi que Dieu a voulu la punir de quelque chose. Elle raconte n'importe quoi. Un peu comme moi. Cette histoire nous a tous rendus zinzin.

Elle regarde l'heure, j'ai compris.

— On pourra se revoir ? je demande.

— Pas cette semaine, répond-elle. Je pars quelques jours en vacances avec les Delalande.

— La semaine prochaine, alors ?

— Si tu veux.

Je lui fais la bise. J'ai l'impression d'embrasser une statue.

J'aimerais tout raconter à maman, mais pas devant Richard. Je ne me sens pas chez moi lorsqu'il est là. Même s'il est sympa, je n'y crois pas. C'est de la stratégie, ni plus ni moins.

De toute façon moi non plus je n'étais pas libre cette semaine. On part demain en classe verte. Mina ne m'a pas demandé des nouvelles de sa guitare. J'ai l'impression qu'elle essaie d'oublier le passé pour mieux supporter le présent. Possible que ça marche comme technique. Je ne sais pas, je n'ai jamais essayé.

Chapitre 10
Merci

On chante comme des tordus. Le train s'enfonce dans la campagne. Mélanie a voulu s'asseoir à côté de moi mais elle fait exprès de discuter avec Pénélope pour bien me faire sentir que je n'existe pas. Elle est super compliquée dans sa tête, Mélanie. Elle doit avoir un mode d'emploi écrit en chinois. Les champs défilent et les vaches me regardent passer. Franchement, c'est passionnant. Enfin, le train arrive en gare de Deauville. Tout le monde descend. Il manque un prof sur le quai. On se dit, chouette, on l'a oublié à Paris. On l'entend hurler bientôt. Il est coincé dans les toilettes. La serrure qui fait un caprice. Il est tout rouge quand il sort, furax, on dirait qu'il va étouffer. Il dit qu'il va faire un procès à la

SNCF et il appelle aussitôt sa femme pour lui raconter qu'il a frôlé la mort.

On s'installe dans un bâtiment qui propose des chambres à quatre lits. Je frime un peu avec mon tube de dentifrice tout neuf et mon gel douche parfum banane. L'air de la mer me lave des pieds à la tête. Ce séjour va me faire un bien fou. Nous voilà déjà tous partis sur la plage pour une expédition de cueillette de coquillages. Cela servira de base à un travail d'arts plastiques, de poésie et de SVT.

Avant le départ, maman m'a glissé un téléphone portable dans la poche avec une carte prépayée. L'histoire du prof enfermé dans les toilettes du train la fait beaucoup rire. Avant de raccrocher, elle me donne le bonjour de Richard l'informaticien. Hum, je fais comme si je n'avais rien entendu.

Je ne vois plus mon groupe sur la promenade qui longe la mer. Je ne connais pas l'adresse du musée de la Marine, que nous devions visiter. Je ne comprends pas. Je me suis arrêté quelques minutes pour capter du réseau et ma classe en a profité pour disparaître. C'est tout petit, Deauville, mais n'empêche. J'hésite sur la direction à suivre. Je décide d'entrer au Grand Hôtel pour demander où se trouve le musée.

J'en connais un pendant ce temps, le prof spécialiste des serrures de toilettes, qui doit se faire un sang d'encre en constatant que je manque à l'appel. Quelle idée aussi de marcher si vite.

L'hôtel est du genre monumental. On s'attend presque à voir glisser une baleine dans le jardin. Je m'avance en direction de la réception.

— Monsieur désire ? me demande une femme avec une cravate d'homme.

Je me retourne, pensant qu'elle s'adresse à quelqu'un d'autre, derrière moi. Mais je suis seul dans le grand hall, à part un caniche qui tire une vieille dame.

— Monsieur attend peut-être ses parents ? reprend-elle.

Elle a un grain, cette fille. Pourquoi elle m'appelle *monsieur* ? Et pourquoi pas *madame* pendant qu'elle y est ? Je demande :

— Vous savez où se trouve le musée de la Marine ?

— Lequel ?

— Il y en a plusieurs ?

— Je ne sais pas.

— Moi non plus.

— Je suis désolée. Monsieur désire-t-il que j'appelle quelqu'un susceptible de pouvoir répondre à ses attentes ?

Oups. J'ai compris. C'est une mutante. Une réceptionniste venue d'ailleurs, en stage d'intégration sur notre planète. Elle me rappelle une poupée Barbie, avec des électrodes à la place du cerveau et un GPS en guise de cœur. Une sorte d'informaticienne, quoi.

— Non merci, dis-je en regagnant la sortie, et me demandant pourquoi la vie est parfois si compliquée.

J'ai un peu envie de pleurer soudain et je fais un effort pour me contenir, rapport à mes mouchoirs en papier que j'ai laissés dans ma chambre. En sortant de l'hôtel, je prends la direction de l'horizon. C'est tout droit en face. Le soleil commence à décliner, esquissant une sphère orange au loin sur la crête de l'eau. La mer bouge avec la langueur d'un hippopotame suisse. Le sable colle sous les pieds. C'est merveilleux comme sensation de fin du monde. Perdu dans Deauville, comme un chien sans collier, j'ai vraiment la honte. À une époque, je croyais que j'étais Superman. Je m'aperçois aujourd'hui que j'ai nourri un certain nombre d'idées fausses à mon endroit. Il est évident que Superman trouverait le musée de la Marine sans la moindre hésitation, sans avoir à demander son chemin. Et si je marchais sur l'eau ? Je suis sur le point de concrétiser l'idée la plus débile qui soit lorsqu'une voix dans mon dos empêche mon projet de voir le jour.

— Sam ? Mais qu'est-ce que tu fais là ?

Je devine sans me retourner. Aussi fou que cela puisse paraître, Mina, ici, les pieds dans le sable. Je n'ai pas le temps d'en placer une. Nerveuse comme une pile électrique.

— Sam, il m'arrive un truc dingue ! C'est fou ! Je n'arrive pas y croire ! Je dois me calmer, réfléchir...

— Réfléchir à quoi ?

Je suis un peu dépassé.

— Tu ne devineras jamais !

— Non.

— Pepito ! Il est là !

— Pepito ?

— Oui !

— Où ça, là ?

— À l'hôtel ! Ici, là, à côté de moi ! Tout près !

Je lui demande de s'expliquer. Elle y parvient avec difficulté tellement elle est émue. Elle me raconte qu'elle est venue au Grand Hôtel passer quelques jours de vacances avec la famille Delalande. Dans le hall elle a croisé le couple Keller. Pepito est avec eux. Il est gardé par un baby-sitter. Mina ne cesse de répéter ce mot, *Pepito, Pepito*. Elle me serre dans ses bras.

— Mais il ne faut pas que les Keller me voient. Sinon c'est fichu ! Ils vont faire leurs bagages et disparaître à jamais !

— Absolument, fais-je. Il s'agit d'être très prudent.

— Tu te rends compte, Sam ? Je viens de retrouver mon bébé ! Mon bébé !

— C'est génial.

— Sam, j'ai besoin de toi.

Mina a peur de faire un faux pas et elle a raison. Il ne faut surtout pas que les Keller la reconnaissent. Et moi non plus d'ailleurs. Ils se souviennent certainement de ma petite tête d'abruti. Tout cela demande réflexion. Mina et moi on marche sur le sable humide en se tenant par la main. Je regrette amèrement de ne pas être Superman. En même temps, je me sens prêt à déplacer des montagnes pour aider Mina. Mais des montagnes en Normandie, tu peux toujours chercher, y en a pas. Quel scénario pour approcher Pepito sans éveiller l'attention du couple ? J'ai le cerveau qui rame et mon enthousiasme qui baisse. Je serre la main de Mina. C'est le moment d'afficher l'étendue de mes pouvoirs. Des actes, Sam, vas-y, trouve un truc, c'est toi le chef d'orchestre maintenant.

Je suis sur le point de devenir un héros, un vrai,

médaillé olympique dans la catégorie sauveur de bébés, et ça me met une pression d'enfer. Une sorte d'ambiance Coupe du monde sur les épaules.

— T'as une idée ? demande-t-elle.

— Peut-être. Mais ça va être difficile.

— Aucune importance. Je suis prête à risquer ma vie pour retrouver Pepito ! Je suis prête à tout ! Dis-moi à quoi tu penses.

— Faut leur reprendre le bébé qu'ils t'ont volé. La question, c'est de savoir comment on va faire. Ce ne sont pas les pistes qui manquent. Faut juste trouver la bonne.

Mina me considère. Malgré mon petit air convaincant à la gomme, elle paraît déçue. À ce moment, je ne sais pas ce qui se passe dans mon cerveau, mais ça y est, le flash, l'idée géniale, triomphante.

— Tu m'as bien dit que Pepito était gardé par un baby-sitter ?

— Oui, un blond avec une canne... super mignon...

— Si tu le trouves si beau, tu peux aller toi-même lui parler.

— Non, impossible ! Je ne dois pas me montrer, c'est trop risqué. D'ailleurs, je vais me couper les cheveux, me teindre en vert, je ne sais pas, mettre des lunettes aussi... J'ai tellement peur de tomber nez à nez avec eux dans l'ascenseur ! Je les hais ! Je serais capable de les tuer avec une fourchette !

— Si quelqu'un peut nous aider, c'est lui. C'est ton Ken.

— Tu crois vraiment que c'est le moment de me faire une scène de jalousie, Sam ? me demande Mina en faisant la moue.

— OK, je me débrouille pour lui piquer le bébé et on rentre à Paris, d'accord ?

— Je ne sais pas. J'ai peur.

— Ne t'inquiète pas. Un bébé, c'est moins compliqué à piquer que des Carambar.

— Sam ?

— Oui ?

— Merci.

Chapitre 11
Au poil

Maman m'appelle complètement affolée.

— Sam ? Ça va ?

— Super.

— Tu es où ?

— Ça va être long à expliquer.

— Ton prof vient de m'appeler. Tout le monde te cherche !

— Je viens de retrouver Mina, maman.

— Quoi ?

— Oui, nous sommes sur la piste des Keller. Ils sont à Deauville, avec Pepito !

— Qu'est-ce que tu vas faire ?

— Récupérer le bébé.

— Non ! Tu dois aller à la police !

— Certainement pas.

— Sam, écoute-moi !

Je fais celui qui n'entend plus rien. Style, on passe sous un tunnel.

— Allô ? Allô ? On a un problème de réseau là...

Je raccroche, affaire réglée. À nous deux, Deauville. Il me manque une visseuse électrique dans la main pour ressembler à un vrai détective privé.

Je suis à la poursuite d'un baby-sitter beau gosse. C'est lui qui garde le gros magot. Attention, ça peut être dangereux. Chasser le cobra ou le tigre, ça va, c'est fastoche, mais le baby-sitter, c'est déjà plus délicat. Il paraît que ça peut mordre comme un vampire, à la recherche de protéines. On dit aussi que le baby-sitter est toujours plus agressif lorsqu'il est en compagnie de l'enfant qu'il est censé garder.

Bientôt je l'aperçois sur les Marches, cette longue et étroite esplanade constituée de planches le long du front de mer. Un grand blond avec une canne noire qui pousse un landau. Une tête à bouffer des Granola en surveillant le Pepito.

Deauville, petite casserole du monde, où tout se mélange, le sable, le vent, les cannes et les bébés. Il pilote la poussette comme s'il conduisait une tondeuse à gazon, l'air hyper pénétré, roulant en zigzag. Un vrai danger public. On se demande pourquoi il a une canne, si ce n'est pour avoir l'air original, style vieil aristocrate de vingt piges. Ça prouve combien le couple Keller est zinzin. Non seulement ils sont capables de voler un bébé, mais en plus ils le confient à un dingo des sables. Bon, la question est de savoir comment un gars dans mon genre, un Sam de onze ans et des poussières, va réussir à endormir un baby-sitter professionnel, en pleine possession de ses moyens, armé de surcroît d'une canne-épée. Est-ce seulement une bonne idée de l'aborder. Pour lui dire quoi ? « Salut, il est beau ton bébé, tu me le prêtes pour la soirée ? » Soit il est de mèche avec les Keller, soit il ne l'est pas. Ou bien il sait qu'il garde un bébé volé, ou bien il n'en a pas conscience.

Je le suis comme un clebs, de quoi lui donner la puce à l'oreille. Il va se méfier, rebrousser chemin. Tout ce que redoute Mina. La boulette de dernière minute qui gâche tout. Maman avait raison. On aurait dû aller direct au commissariat de Deauville et leur servir l'embrouille sur un plateau. Je me demande si je suis vraiment doué pour les enquêtes. J'ai peur de tout faire foirer. La santé mentale de Mina est en jeu. Si elle ne revoit pas son bébé, c'est direct à l'asile qu'elle ira disputer des concours de Scrabble.

J'observe toujours, tout en filature discrète. Et mon cœur qui bat plus fort et qui semble peser plus lourd à chaque pas. Le zigue à la canne bifurque le long des boutiques de vêtements qui ponctuent le quartier de bord de mer. Un lécheur de vitrines, c'est bien ma veine, moi qui ai horreur des magasins en général. Mon cœur s'arrête pour mieux l'observer sur le seuil de la tentation. Va-t-il craquer pour un futal en flanelle ? Ou un short à rayures ? Visiblement, il est plutôt attiré par les casquettes, ou les chapeaux. Comment savoir ce qui se trame dans sa tête de blond ? Je sens qu'il a envie d'entrer dans la boutique, mais en même temps, vu la cohue, je le vois hésiter avec la poussette. Jusque-là, je le comprends. Il y a une sorte de logique dans son hésitation. Un bébé, ce n'est pas comme un sac de sport, on ne peut pas le poser quelque part dans un coin et revenir plus tard. Quoique, tout le monde n'a pas la même conception du sac de sport.

J'ai complètement oublié ma classe, mon groupe, mes profs. Ça sent la gaufre et ça me rappelle les pizzas de maman. Comme je regrette la douce quiétude de la loge d'immeuble.

Les Kinder Bueno de mon quatre-heures, les yeux en amande de Mélanie, la cravate à carreaux de l'informaticien Richard. Je me sens comme qui dirait pas trop à ma place dans le rôle de fouineur. J'ai souvent fantasmé sur les détectives privés. Mais on peut rêver de n'importe quoi, le jour où ça se concrétise, c'est une autre paire de manches, t'es moins fier. Tu te dis que t'es un gros mytho et que tu ne seras jamais à la hauteur.

Ça y est, le gars vient d'entrer dans la boutique, laissant le landau dehors. Je me dis qu'il va peut-être l'attacher avec un antivol, mais non, à Deauville c'est le pays des Bisounours. Ici, sauf si on est une mouette, on ne vole pas.

Une alarme interne me vrille les tympans. Action, Sam, action ! Tout devient flou dans mon esprit. C'est comme si je m'élançais dans un tunnel. J'ai les pieds qui dérapent au démarrage. J'ai beau essayer de retrouver mon équilibre, trop tard, c'est la chute en avant. Ma bouche mange le sable. J'ai l'air fin, tout le monde me regarde. « Ça va, petit ? » Je fais oui de la tête, rouge de confusion. Si Superman me voyait, sûr qu'il serait mort de rire. Quelques mètres seulement me séparent de la poussette. Je me relève et contourne la baraque à crêpes histoire de faire mine de m'en aller vraiment. Puis je reviens sur le trottoir qui borde les boutiques. Ça y est, plus que dix mètres, cinq, deux, un... Mes mains saisissent l'armature métallique du landau. Je tremble comme un tracteur. Dans ma tête le moteur rugit façon tigre. Je démarre comme si quelqu'un me donnait une bourrade dans le dos.

C'est parti. Première à droite, puis à gauche, et tout droit. Je me retourne. Personne. Je suis juste un gamin qui pousse son petit frère. Mes jambes se mettent à courir, le landau tressaute dans les virages. Bonjour le Grand Prix de F1. Ce n'est surtout pas le moment de traîner. Le big blond à la canne noire ne va pas tarder à s'apercevoir qu'il lui manque quelque chose. Et là, ça risque de chauffer pour ma pomme. Soudain une sirène de police se déclenche dans le quartier. Ça y est, mon compte est bon, fait comme un rat. Mais la berline tricolore passe devant moi sans m'accorder la moindre attention. Je transpire comme une chaudière. Enfin, la silhouette de la gare Deauville-Trouville se dessine à l'horizon. Je suis sur le point de traverser lorsqu'un camion déboule sur ma droite. J'ai juste le temps de retenir le landau pour éviter la collision.

Mina fait les cent pas sur le parvis. Elle se précipite vers le landau, attrape le bébé et l'embrasse en poussant des cris de joie.

— Pepito ! Mon chéri ! Mon bébé !

Réveillé dans sa sieste, le nourrisson se met à pleurer. Je regarde l'horloge de la gare.

— Vite ! je fais. C'est l'heure !

Le chef de gare donne le coup de sifflet final. Nous courons sur le quai et grimpons dans une voiture de queue au moment où le train démarre. Ouf !

Une fois assis, je me félicite intérieurement. Bravo Sam, t'as été au poil.

Chapitre 12
Aujourd'hui

Pepito n'a pas vu sa mère depuis des lustres et du coup il a plein de choses à lui raconter. Son kidnapping, son séjour chez les Keller, ce total road-movie qui aurait pu ne pas connaître de fin. Et il pleure dès que je m'approche de sa mère. Comme s'il avait peur que je puisse la lui piquer. Zut, sa maman est assez grande pour décider de ses fréquentations. Et puis s'il est là, c'est quand même un peu grâce à moi, faudrait peut-être songer à ne pas l'oublier. J'aimerais bien être à sa place, lové contre le sein de Mina. Au bout d'un moment, il finit par s'endormir, ce n'est pas trop tôt. Mina est enfin disponible. Son sourire a quelque chose d'extatique. Elle observe autour d'elle comme si tout était extraordinairement beau, alors que nous voyageons dans un wagon vieillot qui tangue comme une barque.

— C'est le plus beau jour de ma vie, dit Mina, doucement, en caressant les cheveux de Pepito.

Arrivée gare Saint-Lazare. Maman nous attend sur le quai car je lui ai envoyé un texto pour la prévenir de notre arrivée. Elle est accompagnée de l'informaticien Richard, qui porte une cravate à rayures sur des chaussettes à carreaux. Nous organisons un concert d'embrassades tandis que Richard essaie de replier la poussette. Mais visiblement la poussette refuse d'être repliée par un informaticien, alors Richard s'énerve et finit par se coincer un doigt. T'as déjà vu un Richard en éruption ? On dirait un diabolo fraise qui gonfle.

***

Maman a déjà appelé l'inspectrice remplaçante pour tout lui raconter. Celle-ci débarque à la loge une demi-heure plus tard, pas contente du tout. Visiblement, c'est avec moi qu'elle veut en découdre.

— T'es fier de toi ? Le baby-sitter était un de nos agents ! Le couple s'est enfui de l'hôtel. Tu as tout fait rater !

— Non ! s'interpose Mina. C'est ma faute.

C'est moi qui ai eu l'idée de reprendre Pepito.

Tête baissée, je fonce dans le tas.

— Et puis, parlons-en de votre agent secret ! m'écrié-je. Archinul avec sa perruque blonde et sa canne noire ! Il n'aurait jamais dû laisser Pepito tout seul sur le trottoir. Et puis, pourquoi il promenait le bébé au lieu d'arrêter tout de suite le couple Keller ?

— Parce qu'il était sur une piste de trafic d'enfants. Il s'était fait passer pour un des baby-sitters de l'hôtel et avait commencé à nouer des liens avec le couple. Ils font partie d'un réseau.

— Ah bon ? dit maman.

— Oui, nous avons fait le lien avec plusieurs plaintes déposées. Ces voleurs d'enfants présentent bien en général. Ils jettent leur dévolu sur une mère seule avec son enfant. Une personne souvent en grande difficulté ou de nationalité étrangère.

— Et qu'est-ce qu'ils font des bébés ? demande l'informaticien Richard.

— Ces bébés sont destinés à être vendus. D'après nos informations, le couple se faisant appeler Keller était sur le point de rencontrer une famille désireuse d'acheter un enfant.

— Mais c'est horrible ! s'exclame maman.

L'inspectrice remplaçante se tourne de nouveau

vers moi. Elle fait un peu maîtresse d'école, très peu pour bibi. En plus je déteste l'uniforme, ça manque de fantaisie et de couleurs vives. J'ai l'impression que je dois argumenter si je ne veux pas passer pour le petit abruti de service. J'attaque :

— Qu'est-ce que vous auriez fait à ma place ? Je n'avais qu'une peur, c'est que le bébé disparaisse une seconde fois. Il fallait agir vite !

— Il fallait laisser la police faire son travail.

— Vous n'aviez qu'à nous prévenir !

— Enfin, Sam, c'est comme ça que tu parles à une inspectrice de police ? me reprend maman.

— Excusez-moi, m'dame, dis-je, en la regardant droit dans les yeux.

Elle me sourit.

— Je ne peux pas te reprocher d'avoir voulu sauver cet enfant. Je crois qu'à ta place j'aurais fait la même chose.

— Hum, fait maman. Je propose une verveine pour tout le monde.

Richard se précipite pour faire bouillir de l'eau. Il a l'air carrément chez lui, l'informaticien. Pas désagréable d'avoir quelqu'un qui a envie d'aider ma mère. Il ouvre aussi un paquet de chips, même si ça se mélange mal avec la verveine. Mais personne n'ose rien dire. Tout le monde est là pour fêter les retrouvailles de Mina et Pepito. À propos de Mina, elle manque à l'appel. Je perçois un murmure de musique derrière le mur. Dans ma chambre. Mina est en train d'endormir le bébé en lui jouant de la guitare. Pas une berceuse, mais un swing qui réveillerait un cimetière. Visiblement, Pepito a besoin de cette énergie de Guitare manouche pour plonger dans le sommeil. Il entendait cette musique depuis qu'il était dans le ventre de sa mère. Il n'y a que ça qui puisse le rassurer. Et ça fonctionne.

Tout le monde est là dans la chambre pour écouter Mina. Mina qui a envie de rattraper le temps perdu, qui joue sans arrêter, comme pour combler son émotion. L'informaticien se met à danser en tournant autour de lui-même, un bras baissé, un autre levé, faisant claquer ses talons. Heureusement que nous sommes au rez-de-chaussée. Maman entre dans le mouvement, faisant tournoyer les pans de sa robe. L'inspectrice remplaçante est partie en catimini. Nous sommes en famille maintenant. Mina, Pepito, Richard, maman. Punaise, ce truc me donne envie de pleurer.

Au final, je fais comme Pepito, je m'endors tout habillé sur le lit, porté le tourbillon d'une mélodie exaltée. J'ai eu ma dose d'émotions pour aujourd'hui.

Chapitre 13
Personne n'est parfait

Maman a dû rattraper le coup vis-à-vis du collège et des profs. Elle a inventé une histoire invraisemblable, prétextant que, plus c'est énorme, plus ça passe. « Suite à un malaise, Sam a été conduit aux urgences de Deauville. Rien de grave, mais une ambulance l'a ramené à Paris. » Du coup quand je suis revenu en classe au moment où les autres rentraient de la classe découverte, j'ai été assailli de questions relatives à ma santé. J'ai appris que Mélanie avait pleuré lorsque j'ai disparu. J'ai failli lui dire qu'elle était trop sensible, mais je me suis abstenu. Je ne pouvais pas lui raconter non plus que j'avais marché sur la plage avec Mina, main dans la main. Elle n'aurait pas compris, Mélanie. Elle aurait imaginé des choses extravagantes.

Quelque part, je suis une sorte de Superman, avec une double vie secrète, tout en vivant une existence sortie de la normalité profonde. Je pourrais m'en servir pour draguer Mélanie, mais ce n'est pas mon genre de frimer.

À la fin des cours, je me hâte de rentrer, sans flâner, parce que la musique est à la maison. Maman apprend le métier de gardienne d'immeuble à Mina. C'est elle maintenant qui s'occupe des besoins des uns et des autres dans l'immeuble. C'est comme qui dirait le chômage technique pour moi. Mina s'active du mieux qu'elle peut. Elle porte sans cesse son bébé en kangourou. Elle ne supporte pas d'être séparée de lui. Je l'écoute le soir lorsqu'elle sort la guitare de son étui et qu'elle nous emmène très loin sur la route des Gitans.

— J'ai envie de revoir mes frères, dit-elle, même si je n'aime pas la façon dont ils considèrent les femmes. Mais ce sont mes frères, nous avons grandi ensemble.

— Chaque chose en son temps, réplique l'informaticien Richard, philosophe à ses heures.

— Oui, sans doute, dit Mina, un peu tristement.

Moi aussi j'ai du nouveau, je n'ai pas chômé ces derniers temps. J'attends l'heure de la verveine pour prendre la parole. Pepito s'est endormi, tout le monde est disponible pour écouter ce que j'ai à dire.

— Tu dois montrer à tes frères qu'une femme peut réaliser ses rêves aussi bien qu'un homme.

— Oui, mais comment ! Je n'ai plus rien, plus de travail, plus d'avenir...

— Faux, archifaux ! Demain tu as rendez-vous avec M. Kromesky, au Gypsy Bar. Je lui ai tout raconté. Il t'attend. Il a un contrat à te faire signer. Et si tu as besoin de quelqu'un de confiance pour garder Pepito le soir, pendant que tu joues dans les clubs, je suis là, *no problemo*. Je pratique des prix tout à fait compétitifs.

— Mais enfin, intervient maman, tu ne vas tout de même pas faire payer Mina !

— C'était une blague.

Mina se jette dans mes bras.

— Oh, mon Sam, si tu savais comme je t'aime ! Merci, merci !

— Pas de quoi. Quand on s'appelle Sam, on n'aime pas rester les bras croisés. Et puis j'aime trop ta musique.

C'est ma façon de lui dire que ses yeux me font tourner la tête. Mais je ne suis pas très doué pour les déclarations d'amour, surtout en public. Et puis je me fais des idées. C'est clair, Mina n'est pas une femme pour moi. Moi, il me faut une fille de la taille de Mélanie. Même si elle ne joue pas de la guitare comme Mina. Mais personne n'est parfait.

Chapitre 14
Mes exploits

Ils sont tous là, les frangins de Mina, dans la salle du Gypsy Bar. Accoudés au bar, guettant l'entrée sur scène de leur petite sœur. Avec maman et l'informaticien, on est assis à une table au milieu de la salle. Pepito est à côté de nous, dans son couffin. Plus il y a de bruit, plus il dort. Mina électrise la salle en un éclair. Un contrebassiste et un guitariste l'accompagnent. Mais c'est elle, la soliste, elle qui improvise dans l'aigu de son instrument, elle qui chante aussi, de sa voix cuivrée, tendue par l'émotion. À la fin, les applaudissements n'en finissent pas. Mina s'avance sur le devant de la scène pour prendre la parole.

— Je voudrais dédier ce concert à mes frères qui m'ont tout appris. C'est grâce à eux si, toute petite, j'ai appris à jouer de la guitare. Ils sont là-bas, au bar, et j'aimerais qu'ils viennent jouer avec moi sur scène.

Tout le monde se tourne vers les trois frangins qui ont l'air un peu gêné. Kromesky leur fait signe de rejoindre leur sœur.

Moi j'ai envie de pleurer en voyant cette famille jouer ensemble. Ils ont les mêmes gestes, les mêmes mimiques. Des regards complices. On a l'impression de n'entendre qu'un seul cœur qui bat.

***

Mina est partie, pour de bon, sur la route des concerts, avec Pepito en kangourou. Parfois j'aperçois sa photo dans un magazine de musique, ou dans le métro. On la voit en compagnie de ses frères et aussi de musiciens venus du monde entier. Tous des spécialistes du jazz manouche.

La vie a repris son cours ici, entre les besoins des uns et les exigences des autres. L'informatique n'a plus de secrets pour ma mère. À présent, elle surfe comme elle parle. Et quand elle a un souci, elle demande à Richard de lui traduire.

Il y a eu un article dans le journal au sujet du trafic de bébés. Les « Keller » ont été arrêtés, ainsi que tous les membres du réseau. Évidemment, mon nom n'a pas été cité. C'est plus tranquille de rester incognito, surtout vis-à-vis de Mélanie. Je veux qu'elle m'aime pour ce que je suis, non pour mes exploits.

Aubervilliers mai 2012.

Du même auteur en littérature jeunesse

La Peur au ventre, Syros/La Découverte, 1999.
Didi des Caraïbes, Syros/La Découverte, 2000.
Pizzicato trafic, Magnard, 2000.
Je ne joue plus, Bayard/Je Bouquine, 2002.
Magouilles dans le métro, Magnard, 2003.
Le Serment d'amour, Rageot, 2005.
Le Boxeur amoureux, Magnard, 2005.
La Loi du plus fort, Bayard, 2006.
Un violon dans les jambes, Syros, 2006.
Incognito, Syros, 2007.
Embrouilles à la cantine, Archipoche, 2008.
Les Ailes de la contrebasse, Syros, 2008.
Le Violoncelle poilu, Syros, 2009.
Le Mystère Primrose, Le Rouergue, 2010.
Les Champignons de Paris, Syros, 2010.
Soupçons, Syros, 2011.
La Marseillaise, Chant d'orties, 2011.
J'irai graffer sur ta tombe, Oskar, 2012.
Lully, le chat de Louis XIV (Les aventures de la musique), Oskar, 2012.
Mozart, la mort inachevée (Les aventures de la musique), Oskar, 2012.
Ravel et les sortilèges (Les aventures de la musique), Oskar, 2012.
Enterrement d'une vie de cancre, Syros, 2012.
Touche pas à ma mère, Talents Hauts, 2012.
Hermaphrodite (coll. Court-métrage) Oskar, 2013.

21, avenue de la Motte-Picquet
75007 Paris - France
Tél. : 01 47 05 58 92
Fax : 01 44 18 06 41
E-Mail : contact@osloeditions.eu
Site Internet : www.osloeditions.eu

Auteur : Hervé Mestron
Graphisme : Jean-François Saada
Direction éditoriale : Françoise Hessel
Mise en page : David Lanzmann

ISBN : 978-2-35754-122-1
Dépôt légal : Juin 2013
Imprimé en Europe
Loi n° 49–956 du 16 juillet 1949
sur les publications destinées à la jeunesse